Kinderrechte

Lonneke Crusio

Ars Scribendi Verlag

Titelbild
Kinderrechte sind da, um alle Kinder auf der Welt zu schützen.

MIX
Papier aus verantwortungsvollen Quellen
FSC www.fsc.org FSC® C 004472

0 / 16

ISBN 978-94-6341-610-8

Kontaktieren Sie **lektorat@coronalesen.de** oder besuchen Sie: **www.coronalesen.de**
Fragen zu den Veröffentlichungen von Corona Lesen richten Sie bitte an den Herausgeber. Der Herausgeber übernimmt keine Verantwortung für Fehler oder Missverständnisse.

Mehr Informationen über unser Programm finden Sie auf **www.coronalesen.de**

Bestellen können Sie über unsere Webseite oder über den (Online-)Buchhandel.

Dieses Logo bietet Erstlesern, leseschwachen Kindern, Lehrern und Lehrerinnen online eine zusätzliche Hilfe zu diesem Buch.

Verwenden Sie dafür den Code auf **www.coronalesen.de**

16108

Inhaltsverzeichnis

1 Ein wichtiger Preis *4*

2 Versorgen und Beschützen *6*

3 Absprachen *8*

4 Kinderrechte *10*

5 Im Krieg *12*

6 Bei der Arbeit *14*

7 Kontrolle *16*

8 Kinderrechte in Deutschland *18*

Glossar *20*

Erfahre noch mehr *22*

Kennst du diese Bücher schon? *23*

1 Ein wichtiger Preis

Malala Yousafzai geht auf eine Schule in Pakistan, einem Land in Asien. Am 9. Oktober 2012 ist sie mit dem Schulbus auf dem Weg nach Hause. Plötzlich stoppt der Bus. Ein Mann kommt herein und fragt: „Wer ist Malala?“ Dann schießt er mit seiner Pistole drei Kugeln auf das 15-jährige Mädchen. Sie wird schwer verwundet und muss ins Krankenhaus.

Auf dem Weg der Besserung

Malala wurde von jemandem von der Taliban-Bewegung niedergeschossen. Das ist eine Gruppe, die viel Gewalt anwendet. Sie möchte, dass jeder nach den strengen Regeln ihres Glaubens lebt. Eine dieser Regeln besagt, dass Mädchen nicht in die Schule gehen dürfen. Malala ist damit überhaupt nicht einverstanden. Darüber schreibt sie seit 2011 einen **Blog,** ein Tagebuch im Internet. Alle Kinder, auch Mädchen, sollen zur Schule gehen dürfen, findet Malala. Sie schreibt ihren Blog unter dem Pseudonym „Gul Makai“. Denn es war zu gefährlich, ihren echten Namen zu verwenden.
Die Taliban haben versucht, Malala umzubringen, weil sie ihnen widersprochen hat. Zum Glück ist es besser geworden. Malala wohnt jetzt in England. Der ganzen Welt erzählt sie, wie wichtig Schule für Kinder ist.

Viel Aufmerksamkeit

Malala hat viele Preise gewonnen. Der wichtigste für sie ist der **Internationale Kinder-Friedenspreis.** Den bekommt jedes Jahr ein Kind, das sich für die **Rechte** von Kindern einsetzt.

Ein Recht ist eine Regel darüber, was du darfst oder was dir zusteht. Du hast zum Beispiel das Recht, zur Schule zu gehen, oder vor Krieg beschützt zu werden.

Der Kinder-Friedenspreis wurde 2005 durch die Organisation *KidsRight* ins Leben gerufen. Sie wollen, dass so viele Menschen wie möglich auf die Anliegen von Kindern hören. Kinder wie Malala machen deutlich, dass sich etwas ändern muss.

Der Kinder-Friedenspreis hilft dabei, denn die Gewinner kommen ins Fernsehen und in die Zeitung. So erfahren viele Menschen auf der ganzen Welt von Kinderrechten. Und das ist wichtig, denn ein Drittel aller Menschen auf der Welt sind Kinder, genau wie du. Das sind 2,5 Milliarden Menschen!

Im Jahr 2013 gewann Malala Yousufzai den Kinder-Friedenspreis, weil sie sich für die Rechte von Kindern einsetzt.

2 Versorgen und Beschützen

Gerade geborene Babys können fast nichts alleine. Sie brauchen unbedingt die Fürsorge ihrer Eltern, zum Beispiel für Essen, Trinken und eine saubere Windel.
Auch für ältere Kinder sind Eltern sehr wichtig. Kinder müssen noch alles lernen. Eltern stellen Regeln auf und beschützen Kinder vor Gefahren. Sie helfen ihnen auch bei ihrer Entwicklung, beim Lernen und der Schule. Das nennt man großziehen. Eltern versorgen ihr Kind auch, wenn es krank ist. Zusammen kuscheln und spielen gehört ebenso dazu. So wissen die Kinder, dass ihre Eltern sie lieben.
In Deutschland haben die Eltern die **Pflicht,** ihre Kinder großzuziehen und zu beschützen. Eine Pflicht ist etwas, was man tun muss. Das ist auch durch das **Gesetz** festgelegt. Ein Gesetz ist eine Regel des Staates, an die sich alle halten müssen. So sind Eltern zum Beispiel dazu verpflichtet, für ihre **minderjährigen** Kinder Dinge zu bezahlen. Bis die Kinder erwachsen sind, zahlen die Eltern also Kleidung, Schuhe oder beispielsweise ein Fahrrad.

Wusstest du,

... dass Mütter, die gerade ein Kind zur Welt gebracht haben, verstärkt sogenannte Bindungshormone in ihrem Körper ausschütten? Dadurch empfinden sie besonders viel Liebe für ihre Kinder. Das ist sinnvoll, denn dann wollen sie ihr Baby beschützen und versorgen.

Probleme

Manchmal sind Eltern nicht in der Lage, gut für ihre Kinder zu sorgen, zum Beispiel wenn sie arbeitslos sind oder krank. Hin und wieder geht es richtig schief: wenn Eltern ihren Kindern wehtun oder sie nur ausschimpfen. Das nennt man **Misshandlung.** In Deutschland und vielen anderen Ländern ist es verboten, Kinder zu schlagen.

Es gibt auch das Problem der **Verwahrlosung.** Dann bekommt ein Kind keine Aufmerksamkeit und Liebe. Die Eltern sind kaum für das Kind da oder kümmern sich nicht darum.

Eltern, die ihr Kind misshandeln oder es verwahrlosen lassen, hatten oft selbst eine schlimme Kindheit.

Das Jugendamt hilft Familien mit Problemen. Manchmal können Kinder nicht bei ihren Eltern wohnen bleiben. Dann bringt das Jugendamt sie in einer **Pflegefamilie** unter: So hat das Kind einen sicheren Ort, an dem es leben kann. Diese Probleme in Familien gibt es in allen Ländern, auch in Deutschland.

Kinder und Eltern können zusammen viel Spaß haben. Eine gute Beziehung zueinander ist wichtig. Dadurch wird das Kind später glücklicher und hat weniger Probleme.

3 Absprachen

Jedes Kind hat das Recht auf Essen und Trinken, das Recht auf Bildung (Schule) und vieles mehr. Aber auch auf Schutz, zum Beispiel gegen Misshandlung. Kinder haben weniger Macht als Erwachsene. Darum ist es wichtig, dass es deutliche Absprachen über die Rechte von Kindern gibt.
Seit Dezember 1948 besteht die *Allgemeine Erklärung der Menschenrechte*. Das sind Vereinbarungen zwischen vielen Ländern darüber, was Menschen tun dürfen und wovor sie geschützt werden sollen. Aber diese **Menschenrechtserklärung** war nicht ausreichend für die Rechte von Kindern. Darum einigte man sich 1989 auf das „Übereinkommen über die Rechte des Kindes" und über den Umgang mit Kindern. Diese Kinderrechts**konvention** ist seit September 1990 in Kraft.

Alle Kinder haben das Recht auf Schule, so wie du.

Für alle – die Kinderrechtskonvention der Vereinten Nationen

Die Kinderrechtskonvention wurde durch die **Vereinten Nationen** (UN, United Nations) verfasst. Die Vereinten Nationen wurden direkt nach dem Zweiten Weltkrieg (1940 – 1945) gegründet. Die Länder fanden es wichtig, über Probleme miteinander zu reden, statt zu kämpfen. In ihrem Kinderrechtsvertrag stehen 54 Artikel. Das sind Vereinbarungen über die Rechte von Kindern und über den Vertrag selbst. Die Kinderrechte behandeln alle möglichen Dinge, mit denen Kinder es zu tun bekommen können, zum Beispiel Schule, Eltern oder Freunde. Fast alle Länder der Welt haben sich diesem Vertrag angeschlossen, auch Deutschland.
Die Vereinbarungen gelten für *alle* Kinder bis zum 18. Lebensjahr. Im Vertrag steht nämlich, dass niemand benachteiligt werden darf. Die Rechte gelten unabhängig von Geschlecht, Religion, Hautfarbe und Herkunft. Es darf niemand **diskriminiert,** das heißt schlechter behandelt werden, weil er zu einer bestimmten Gruppe gehört, einen bestimmten Glauben oder eine andere Hautfarbe hat.
Alle Kinder haben die gleichen Rechte, auch wenn sie **illegal** in einem Land sind, also ohne Aufenthaltserlaubnis.

Kinder haben das Recht auf Freizeit und sie müssen spielen können.

4 Kinderrechte

Die Kinderrechtskonvention enthält verschiedene Arten von Kinderrechten. Zwei grundlegende Regeln sind: „Alle Kinder haben das Recht auf Fürsorge“ und „Alle Kinder sind gleich und müssen gleich behandelt werden“. Auch das Recht auf Schutz und das Recht auf eine eigene Meinung stehen in der Übereinkunft.

Versorgung und Schutz

Kinder haben das Recht darauf, gesund aufzuwachsen, genug zu essen und zu trinken zu haben und das Recht, zur Schule zu gehen und zu lernen. Sie haben aber auch das Recht auf gesundheitliche Fürsorge. Kinder, die krank sind, haben das Recht, medizinisch versorgt zu werden durch Ärzte und im Krankenhaus.
Es gibt auch Rechte für den Schutz von Kindern. Kinder dürfen zum Beispiel nicht arbeiten. Misshandlungen jeder Art von Kindern sind verboten. Auch vor Krieg und Gewalt müssen Kinder geschützt werden.

Eigene Identität und Meinung

Jedes Kind hat das Recht auf einen Namen und eine **Nationalität.** Diese zeigt an, aus welchem Land man kommt.
Kinder dürfen außerdem sagen, was sie von etwas halten. Sie dürfen also ihre eigene Meinung haben. Zumindest, solange sie niemand anderen beleidigen oder beschimpfen.
Jedes Kind darf sich seinen eigenen Glauben aussuchen und seine Freunde selbst wählen.

Tipp

Unter *www.kindersache.de* kannst du dich noch genauer über die einzelnen Artikel der UN-Kinderrechtskonvention informieren. Unter *www.kinderrechte.de/fuer-kinder/der-kinderrechtefilm* gibt es einen kurzen Film über die Geschichte der Kinderrechte.

Besondere Fürsorge

Manche Kinder brauchen besondere Fürsorge. Kinder mit einer **Behinderung** haben das Recht, am Leben teilzunehmen. Diese Kinder haben oft eine Beeinträchtigung, meist an ihrem Körper. Sie können zum Beispiel nicht laufen. Auch Kinder, die keine Eltern mehr haben, haben das Recht auf besondere Fürsorge. Genauso wie Kinder, die Probleme mit der Polizei bekommen oder die auf der Flucht vor einem Krieg sind.

5 Im Krieg

Millionen von Kindern auf der Welt wachsen im Krieg auf. Sie leben in ständiger Angst. Das macht sie traurig, wütend oder unsicher. Viele Väter sind nicht zu Hause, weil sie kämpfen müssen. Eltern werden verwundet, manche sterben sogar. Dann müssen ihre Kinder für sich selbst sorgen. Andere müssen ihrer Familie helfen, indem sie Geld verdienen oder auf ihre Geschwister aufpassen.
In Afrika und Asien gibt es viele **Kindersoldaten.** Sie werden dazu gezwungen, in einem Krieg zu kämpfen. Manchmal sogar gegen ihre eigenen Freunde. Weil die Kinder noch so jung sind, verstehen sie nicht richtig, was sie tun. Viele haben für den Rest ihres Lebens Probleme im Alltag. Ihnen fällt es schwer, jemandem zu vertrauen. Auf der Welt gibt es schätzungsweise 250 000 Kindersoldaten. So viele Menschen leben in den Städten Kiel oder Aachen.

Die Organisation War Child *hilft Kindersoldaten, nach dem Krieg ein normales Leben aufzubauen. Durch Theaterspielen und Schule lernen sie, mit ihren schlimmen Erinnerungen besser umzugehen.*

Zusätzlicher Schutz

Im Jahre 2002 wurde die Kinderrechtskonvention erweitert. Kinder, die im Krieg leben, sollen besonderen Schutz bekommen. Kinder unter 18 Jahren dürfen nicht mehr gezwungen werden, in der Armee zu kämpfen. Erst ab 18 Jahren dürfen sie im Krieg mitkämpfen. Leider halten sich nicht alle Länder an diese Vereinbarungen.

Auf der Flucht

Flüchtlinge nennt man Menschen, die in ihrem eigenen Land nicht sicher sind, zum Beispiel durch einen Krieg. Sie verlassen ihr Zuhause und suchen nach einem sicheren Ort. Oft sind das Familien mit Kindern. Manchmal flüchtet ein Kind auch alleine. Die meisten Flüchtlinge landen in Lagern in der Nähe ihres Heimatlandes. Dort warten sie, bis ihre Heimat wieder sicher ist. Andere flüchten bis in sichere Länder, wo sie nach Schutz fragen.
In der Kinderrechtskonvention gibt es besondere Bestimmungen für geflüchtete Kinder. Ihnen muss in dem Land geholfen werden, in dem sie ankommen. Doch oft werden die Rechte von Flüchtlingen missachtet. Auf der Flucht haben sie wenig oder gar kein Essen und keine Medikamente. In den Flüchtlingslagern können die Kinder nicht zur Schule gehen.
Das *Deutsche Rote Kreuz*, das *Deutsche Kinderhilfswerk*, *UNHCR Deutschland* und andere Organisationen helfen Flüchtlingen mit Nahrung und anderen Dingen wie zum Beispiel warmen Decken. Sie helfen ihnen aber auch mit der Sprache und den Regeln in dem fremden Land.

6 Bei der Arbeit

In Deutschland wird durch das *Jugendarbeitsschutzgesetz* bestimmt, ab wann ein Kind wie lange arbeiten darf. Das hängt auch davon ab, ob das Kind oder der Jugendliche noch zur Schule geht.
Erst mit 13 Jahren dürfen Kinder 2 Stunden am Tag leichte Arbeiten verrichten, allerdings erst nach der Schule und nicht abends, in der Nacht oder am frühen Morgen. Kinder und Jugendliche dürfen nicht mit gefährlichen oder tempoabhängigen Arbeiten (z. B. in einer Fabrik) sowie Arbeiten unter Tage beschäftigt werden. Auch in anderen Ländern, die sich an dem Kinderrechtsvertrag beteiligen, ist das Arbeiten in einer Fabrik verboten.
Dennoch ist es in vielen ärmeren Ländern normal, dass auch Kinder schon arbeiten. Das nennt man **Kinderarbeit.** Diese gibt es vor allem in Indien, Indonesien, Bangladesch und in afrikanischen Ländern.
Kinder, die arbeiten müssen, gehen meistens nicht zur Schule. Sie müssen mithelfen, weil ihre Eltern zu wenig Geld für die Familie verdienen. Sie arbeiten auf dem Feld, aber auch in Fabriken oder in Minen. Das ist eine schwere und gefährliche Arbeit für Kinder. Denn dort kommen sie mit giftigen Stoffen in Kontakt. Und die Arbeitstage sind sehr lang.

In Indien gibt es die meisten arbeitenden Kinder. Kinderschutzorganisationen gehen von über 50 Millionen Kindern aus. Sie arbeiten als Dienstmädchen, auf dem Feld, putzen Schuhe oder sammeln Abfall.

Verbieten?

In der Kinderrechtskonvention geht es auch um Kinderarbeit. Dort steht: Kinder haben das Recht, „vor wirtschaftlicher Ausbeutung geschützt und nicht zu einer Arbeit herangezogen zu werden“ (Artikel 32). Doch auf der ganzen Welt arbeiten schätzungsweise 152 Millionen Kinder. Das heißt, fast jedes zehnte Kind auf der Welt muss arbeiten.

Es ist schwierig, Kinderarbeit von jetzt auf gleich abzuschaffen. Sie zu verbieten, kann die Situation verschlimmern. Manchmal müssen Kinder dann heimlich arbeiten, für noch weniger Geld. Um Kinderarbeit zu stoppen, müssen arme Eltern mehr verdienen. Dann müssen ihre Kinder nicht mehr arbeiten.

Deutschland

Früher gab es auch in Deutschland Kinderarbeit. 1904 trat im damaligen Deutschen Kaiserreich das *Kinderschutzgesetz* in Kraft, das Kindern unter 12 Jahren die Arbeit in Fabriken und im Handel verbot. Seit 1919 besteht für alle Kinder eine allgemeine **Schulpflicht.** Sie können also nicht mehr arbeiten, weil sie zur Schule gehen müssen. Die Kinder haben aber nicht nur die Pflicht, sondern auch das Recht, eine Schule zu besuchen. Das steht in Artikel 28 der UN-Kinderrechtskonvention.

Tipp

Besuche die Webseite *www.zdf.de/kinder* und gib in die Suche das Wort „Kinderarbeit“ ein. Dann kannst du dir mehrere Filme über Kinderarbeit anschauen und dich noch weiter darüber informieren.

7 Kontrolle

Die Kinderrechtskonvention wurde geschrieben, um Kinder überall auf der Welt zu beschützen. Aber wie gut funktioniert dieser Vertrag eigentlich? Erfüllen alle Eltern und Regierungen ihre Pflichten?

Hilfe oder Strafe?

Ein spezielles **Komitee** kontrolliert, ob sich Länder an den Kinderrechtsvertrag halten. Ein Komitee ist eine Gruppe von Menschen, die sich für etwas einsetzen. Das Kinderrechts-Komitee gehört auch zu den Vereinten Nationen. Es besteht aus 18 Menschen aus ganz verschiedenen Ländern, die sich sehr gut mit Rechtsfragen auskennen.

Länder, die sich am Vertrag beteiligen, müssen alle 5 Jahre einen Bericht verfassen. Dort wird über die Kinderrechte im jeweiligen Land berichtet. Was klappt gut und worüber macht sich das Land Sorgen? Vom Komitee bekommen sie danach Tipps, was sie verbessern und verändern sollen.

Aber was passiert, wenn sich ein Land überhaupt nicht an die Kinderrechtskonvention hält? Das Komitee kann dann keine Strafe verhängen. Denn es kann nicht über andere Länder bestimmen. Aber das Komitee kann die Vereinten Nationen darüber informieren, was in dem Land falsch läuft. Denn viele Länder finden es nicht schön, wenn das alle anderen wissen. Oft versuchen sie dann, das Problem mit den Kinderrechten zu lösen. Aber das geschieht nicht überall oder es dauert sehr lange.

UNICEF

UNICEF ist eine Organisation, die sich für Kinderrechte einsetzt. Die Vereinten Nationen haben das Kinderhilfswerk in Auftrag gegeben. Die Mitarbeiter von UNICEF untersuchen, wie es Kindern in verschiedenen Ländern geht. Wenn es nötig ist, spricht das Kinderhilfswerk mit dem betreffenden Land. Was kann verändert werden, damit Kinder zum Beispiel besser gegen Kinderarbeit geschützt werden können?
UNICEF arbeitet mit Lehrern, Regierungen, Polizisten und natürlich mit Kindern zusammen. Denn Kinder müssen auch selbst darüber berichten können, wie es ihnen in ihrem Land geht. Darum organisiert UNICEF spezielle Aktionstage wie den *Weltkindertag*. Das Kinderhilfswerk sorgt dafür, dass Kinder mit Menschen aus der Landesregierung sprechen können.

Fußballer Lionel Messi hilft bei UNICEF. In einem Film spricht er über Kinderrechte. Weil er so berühmt ist, hören viele Menschen auf ihn.

8 Kinderrechte in Deutschland

In Deutschland gilt die Kinderrechtskonvention seit 1992. Seit 1988 gibt es bereits die *Kinderkommission* (KiKo), die die Interessen von Kindern und Jugendlichen im Parlament vertritt. Aus jeder Fraktion im Deutschen Bundestag wird eine Abgeordnete oder ein Abgeordneter in die Kommission geschickt. Derzeit gibt es sechs Abgeordnete. Sie machen auf Themen aufmerksam, die Kindern und Jugendlichen wichtig sind, und setzen sich für eine stärkere Beteiligung von Kindern und Jugendlichen in der Gesellschaft ein, zum Beispiel im Rahmen einer Kinderpolitik. Die KiKo gehört zum *Bundesministerium für Familie, Senioren, Frauen und Jugend.* Diese schreibt auch den Bericht über den Stand der Kinderrechte in Deutschland und schickt ihn an den Kinderrechts-Ausschuss der Vereinten Nationen nach Genf. So kann geprüft werden, wie es mit den Kinderrechten in Deutschland klappt. Denn auch, wenn

Auch in Deutschland besteht das Problem der Kinderarmut.

es in Deutschland eigentlich keine Kinderarbeit gibt, besteht zum Beispiel ein Problem mit Kinderarmut. Deutschland muss also auch noch die Situation von Kindern verbessern. Die Vereinten Nationen fordern, dass Deutschland die Kinderrechtskonvention vollständig umsetzt. Deshalb sollen auch Kinderrechte ins Grundgesetz aufgenommen werden. Doch hierüber sind sich die Parteien in Deutschland nicht einig. Dass die Kinderrechte ins Grundgesetz aufgenommen werden, fordern auch das *Deutsche Kinderhilfswerk* und der *Deutsche Kinderschutzbund*. Beides sind Organisationen, die sich für die Einhaltung der Kinderrechte und deren Bekanntmachung starkmachen, denn viele wissen noch immer nicht, dass es überhaupt Kinderrechte gibt. Ebenso sorgen sie dafür, dass die Kinder bei Entscheidungen, die sie betreffen, beteiligt und in der Politik wahrgenommen werden. Das *Deutsche Kinderhilfswerk* engagiert sich außerdem noch gegen die Kinderarmut in Deutschland.

Mehr zum *Deutschen Kinderhilfswerk* und *Deutschen Kinderschutzbund* findest du unter: *www.dkhw.de/ueber-uns/auf-einen-blick* und *www.dksb.de/de/startseite*

Wusstest du,

... dass du kostenlos bei der „Nummer gegen Kummer" anrufen kannst, wenn du Probleme zu Hause hast oder gemobbt wurdest? Dabei bleibst du anonym, du nennst also nicht deinen Namen. Das Team „Nummer gegen Kummer" versucht dann, dir bei deinem Problem zu helfen.

Glossar

Behinderung

eine Beeinträchtigung, meistens am Körper, zum Beispiel eine Gehbehinderung oder Gehörlosigkeit

Bericht

hier: Schriftstück mit vielen Informationen

Blog

Tagebuch im Internet

diskriminieren

Diskriminieren heißt, jemanden schlechter zu behandeln, weil er zu einer bestimmten Gruppe gehört (Religion, Hautfarbe ...).

Flüchtling

Jemand, der flüchtet, weil er in seinem eigenen Land nicht sicher ist.

Gesetz

Regeln, die von der Regierung eines Landes gemacht werden.

illegal

ohne Zustimmung der Regierung, verboten

Kinderarbeit

Wenn Kinder arbeiten müssen und dadurch nicht zur Schule gehen können.

Kinder-Friedenspreis

Ein Preis, der jedes Jahr an ein Kind vergeben wird, das sich für Kinderrechte einsetzt.

Kinder-Kommission

Ein Ausschuss des Deutschen Bundestages, der sich für die Belange von Kindern einsetzt.

Kindersoldat

Ein Kind, das in einem Krieg kämpfen muss.

Komitee

Eine Gruppe von Menschen, die sich für etwas einsetzen und dafür zusammenarbeiten.

Konvention

Vertrag, Absprache zwischen Ländern

Menschenrechtserklärung

Das ist Vereinbarung vieler Länder darüber, was Menschen tun dürfen und wovor sie beschützt werden sollen.

minderjährig

nicht erwachsen, in den meisten Ländern bis zum 18. Lebensjahr

Misshandlung

hier: Wenn Eltern ihren Kindern Schmerzen zufügen oder sie ausschimpfen.

Nationalität

aus welchem Land jemand stammt

Pflegefamilie

Eine sichere Familie, bei der ein Kind wohnen kann, wenn das bei den eigenen Eltern nicht geht.

Pflicht

Eine Pflicht ist, wenn man etwas tun muss.

Recht

hier: Ein Recht ist etwas, das jemand tun oder haben darf.

Schulpflicht

Im Alter von 6 Jahren beginnt für Kinder die Schulpflicht. Die Vollzeit-Schulpflicht dauert je nach Bundesland in Deutschland neun bis zehn Jahre. Danach ist man noch bis zu drei Jahre berufsschulpflichtig.

Vereinte Nationen (UN)

Organisation von Ländern, die miteinander über die Lösung von Problemen in der Welt beraten.

Verwahrlosung

hier: Wenn ein Kind keine Liebe und Fürsorge von seinen Eltern bekommt.

Erfahre noch mehr

Möchtest du noch mehr über Kinderrechte erfahren?
Dann schaue mal in diese Bücher oder besuche folgende Internetseiten:

Das sind deine Rechte! Das Kinderrechte-Buch

Anke M. Leitzgen, Beltz & Gelberg 2017

Echte KinderRechte. Das Lieder- und Projektbuch zu Kinderrechten

Markus Ehrhardt, Reinhard Horn, Sr. Jordana Schmidt, KONTAKTE Musikverlag 2008

Kinder, das sind eure Rechte

Anne-Katrin Schade, Lukas Hüller, Gabriel Verlag 2016

www.kindersache.de/bereiche/kinderrechte/un-kinderrechtskonvention
Hier bekommst du noch einmal genaue Erklärungen zu den einzelnen Kinderrechten.

www.zdf.de/kinder/logo/kinderrechte-100.html
Auf dieser Seite kannst du noch einmal nachlesen, was die Kinderrechtskonvention ist und wo sie gilt. Außerdem erfährst du mehr über das Recht auf Bildung, das Recht auf Gleichheit und das Recht auf Beteiligung.

www.br.de/kinder/kinderrechte-rechte-fuer-kinder-weltweit-un-kinderrechtskonvention-100.html
Auch hier kannst du dich über die Rechte der Kinder informieren. Erfahre, welche Grundrechte jedes Kind auf der Welt hat.

Kennst du diese Bücher schon?

Suchst du nach einem neuen spannenden Thema? Dann sind vielleicht diese Bücher für dich interessant.

978-94-6341-611-5

978-94-6341-609-2

978-94-6341-608-5

Übersetzung + Lektorat:
Sandy Willems-van der Gieth & Simone Mann,
BVK Buch Verlag Kempen GmbH

Autor
Lonneke Crusio

Redaktion
Ida Schuurman
Machtelt van Thiel

Design
Ars Scribendi Verlag, Medea Media (Cover)

Bilderfassung
Lineair Beeldresearch, Arnhem

Bilder
Wavebreak Media Ltd/123RF: Titelbild
Bas Czerwinski/ANP, Rijswijk: S. 5
Image Source/Getty Images, Amsterdam: S. 7
Alamy/Imageselect, Wassenaar: S. 8, 14
David Rozing/HH, Den Haag: S. 9
Unicef, Den Haag: S. 11
Warchild: S. 12
Unicef/ANP, Rijswijk: S. 17
Shutterstock, Oleksiy Rezin: S. 18

Danke an
Alexandra Barendsen, Defence for Children

Ach so! Globolino
4-8 Jahre

Na klar! Globolino
8+

Gecheckt! Um den Globus
10+